Con illustrazioni per un apprendimento completo

LA STORIA DELL'AMMIRAGLIO YI SUN-SIN

resa facile per bambini e adulti!

Woosung Kang

Copyright © 2025 by Woosung Kang

Tutti i diritti riservati. Nessuna parte di questa pubblicazione può essere riprodotta, distribuita o trasmessa in qualsiasi forma o con qualsiasi mezzo, comprese fotocopie, registrazioni o altri metodi elettronici o meccanici, senza il previo consenso scritto dell'editore, tranne nel caso di brevi citazioni contenute in recensioni critiche e di alcuni altri usi non commerciali consentiti dalla legge sul copyright.

Per le richieste di autorizzazione, contattateci a:

marketing@newampersand.com

ISBN 979-11-93438-27-5

& **NEW AMPERSAND PUBLISHING**
newampersand.com

Visitate il nostro sito web per scoprire altri libri!

"Uééeh! Uééeh!"

Tanto tempo fa, a Geoncheondong, Joseon (l'attuale Seul), nacque un bambino con un pianto forte e intenso!

Il suo nome era Yi Sun-sin!

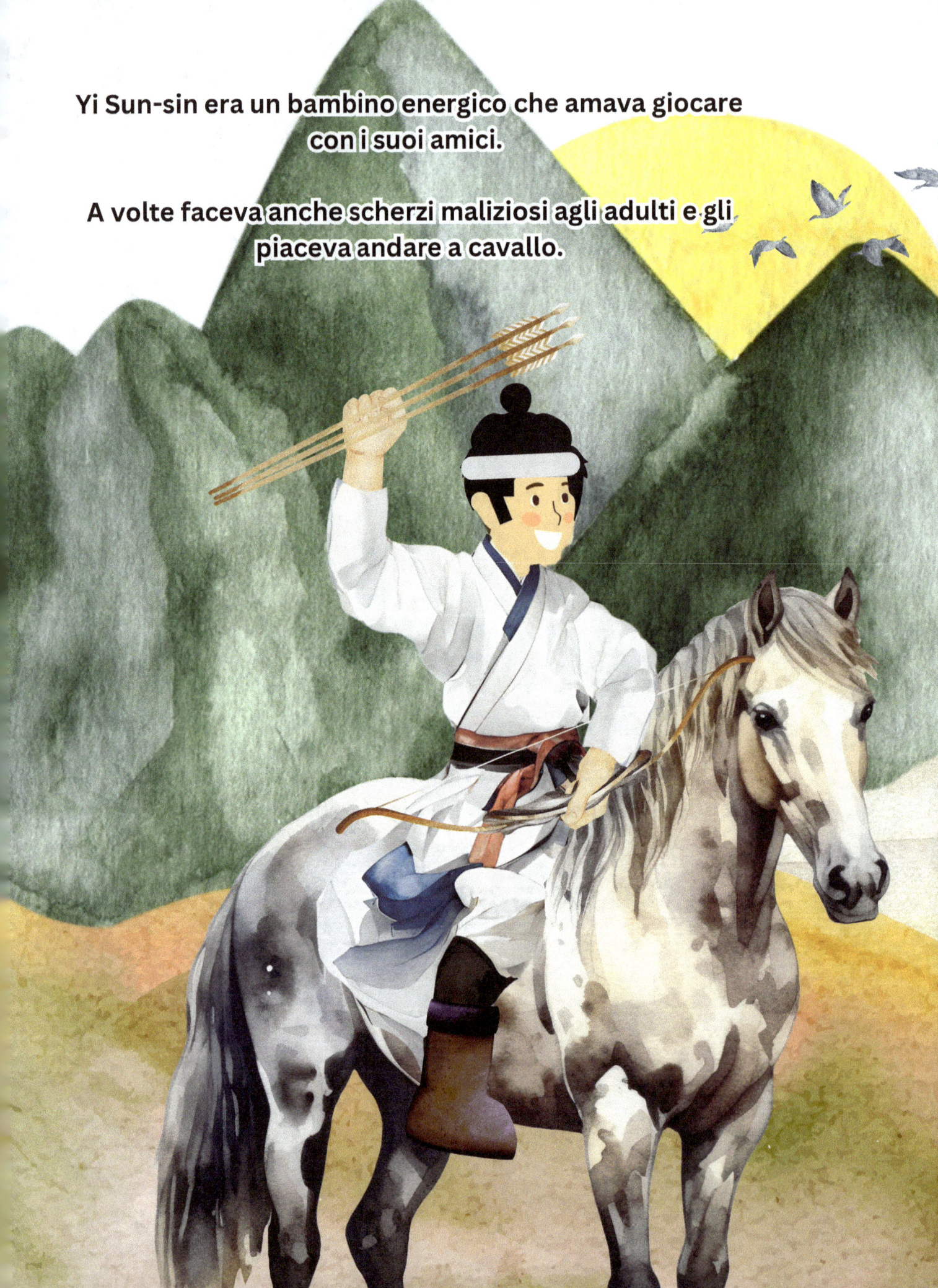

Yi Sun-sin era un bambino energico che amava giocare con i suoi amici.

A volte faceva anche scherzi maliziosi agli adulti e gli piaceva andare a cavallo.

Ma Yi Sun-sin aveva un sogno speciale.

"Diventerò un generale che protegge il mio Paese!"

Fin da piccolo aveva una forte determinazione.

Così, Yi Sun-sin iniziò ad allenarsi per padroneggiare le arti marziali.

Si esercitava nel tiro con l'arco,
brandiva la spada con precisione e si allenava a cavallo.

Ma Yi Sun-sin non si arrese!

"Mi rialzerò, a qualunque costo!"

Usò un ramo di salice come stecca per la gamba ferita e si alzò ancora una volta.

Anche se non superò l'esame, tutti nella sede d'esame lo ammiravano come un grande guerriero.

**Dopo un lavoro ancora più duro, quattro anni dopo,
nel 1576, all'età di 32 anni, Yi Sun-sin affrontò nuovamente l'esame
militare e lo superò con orgoglio!**

**All'inizio, a Yi Sun-sin fu affidato un piccolo incarico di gestione
dei soldati. Ma non trascurò mai l'addestramento e si prese
sempre cura dei suoi soldati per aiutarli a diventare più forti.**

Soprattutto, era sempre onesto e seguiva i principi.

Un giorno, un alto funzionario di nome Seo Ik diede a Yi Sun-sin un ordine ingiusto e gli chiese di fare qualcosa di illegale per il proprio tornaconto.

Ma Yi Sun-sin rispose con fermezza:

"Dobbiamo rispettare le leggi e i principi della nazione".

Per questo motivo, Seo Ik nutriva rancore nei confronti di Yi Sun-sin e voleva vendicarsi!

Seo Ik ispezionò segretamente l'unità militare di Yi Sun-sin.

Ma l'unità di Yi Sun-sin era perfettamente preparata! Non c'erano difetti da nessuna parte.

Eppure, Seo Ik ha presentato un rapporto falso!

"Yi Sun-sin non gestisce correttamente l'esercito!"

Sentendo questo,
la corte reale destituì Yi Sun-sin dalla sua posizione.

Immaginate quanto deve essersi sentito ingiusto per Yi Sun-sin!

Ma non si arrese.

"Un giorno, proteggerò di nuovo Joseon".

Fortunatamente, quattro mesi dopo,
Yi Sun-sin fu reintegrato come generale!

Ma dovette tornare a un grado inferiore a quello precedente.

"Va bene così,
purché possa servire il Paese!".

Yi Sun-sin non rinunciò mai alla determinazione di proteggere il suo Paese. Qualche anno dopo, gli fu affidato il compito di difendere Nokdundo, una piccola isola alla foce del fiume Duman, oltre la quale si trovava la terra dei Jurchen.

"Devo difendere questo luogo a tutti i costi!".

Il generale Yi Sun-sin ha combattuto coraggiosamente per il suo Paese e il suo popolo. Tuttavia, un comandante militare della provincia di Hamgyeong Nord di nome Yi Il lo accusò ingiustamente!

"Yi Sun-sin non è riuscito a proteggere Nokdundo!".

In realtà, il generale Yi Sun-sin aveva chiesto in anticipo dei rinforzi, ma la corte reale non li aveva concessi.

Il re e i suoi funzionari sapevano che Yi Sun-sin aveva combattuto con coraggio nonostante fosse in inferiorità numerica. Ma non potevano evitare di punirlo per motivi politici.

Alla fine, Yi Sun-sin fu fustigato e privato del suo grado militare, servendo come soldato comune in guerra.

Ma poiché Yi Sun-sin accettò di buon grado la punizione, anche se ingiusta, dimostrò la sua lealtà al re e alla nazione, suscitando una forte impressione nel re Seonjo e nella corte reale.

"Questo generale non è un uomo comune! Combatterà per il nostro Paese fino alla fine!".

Yi Sun-sin aspettava un'altra occasione per servire il suo Paese.

E finalmente! Nel 1589, Yi Sun-sin fu nominato magistrato di Jeongeup, nella provincia di Jeolla.

Jeongeup era un villaggio tranquillo in cui la gente viveva di agricoltura.

Ma gli abitanti del villaggio soffrivano per la tirannia dei funzionari corrotti.

Yi Sun-sin pensò,

"Il Paese può crescere forte solo quando la sua gente può vivere in pace!".

Così abolì le tasse ingiuste e protesse gli abitanti impotenti del villaggio.

Il popolo si fidava e seguiva il magistrato Yi Sun-sin! La notizia del governo equo e giusto di Yi Sun-sin a Jeongeup si diffuse in lungo e in largo.

Nel 1591, Yi Sun-sin fu nominato comandante della marina della provincia di Jeolla sinistra!

Ora aveva l'importante ruolo di guidare la marina di Joseon dalla base navale di Jeolla sinistra (l'attuale Yeosu).

"È ora di tornare in mare!".

Il 13 aprile 1592, l'esercito giapponese si radunò al largo di Busan e lanciò il suo attacco!

Joseon fu gettata nel caos dall'improvvisa invasione. L'esercito giapponese catturò rapidamente Busan e Dongnae, poi marciò verso Hanyang (l'attuale Seul).

L'esercito di Joseon si oppose, ma continuò a perdere e alla fine il re Seonjo dovette fuggire verso nord, a Uiju.

Ma l'ammiraglio Yi Sun-sin aveva già intuito che la guerra stava per arrivare e si era preparato in anticipo.

Nel maggio 1592, il comandante Won Gyun, che difendeva le acque al largo di Goseong, nella provincia di Gyeongsang, chiese urgentemente aiuto all'ammiraglio Yi Sun-sin.

Senza esitare, l'ammiraglio Yi Sun-sin partì con circa 80 navi.

Quando raggiunsero le acque al largo di Okpo, vi galleggiavano circa 30 navi giapponesi con bandiere rosse e bianche.

Alcuni soldati giapponesi stavano saccheggiando i villaggi a terra e li stavano incendiando.

Proprio in quel momento, la marina di Joseon lanciò un attacco improvviso!

Si mosse rapidamente, affondando le navi giapponesi una ad una. Distruggono ben 26 navi e sconfiggono molti soldati giapponesi.

In questo modo la marina di Joseon ottenne una brillante vittoria nella sua prima battaglia contro il Giappone!

Dopo la grande vittoria nella battaglia di Okpo,
la flotta dell'ammiraglio Yi Sun-sin superò l'isola di Geoje e si
diresse verso le acque di Yeongdeungpo.

Proprio in quel momento! Si legge in un rapporto urgente.

"AMMIRAGLIO! STANNO PASSANDO CINQUE NAVI GIAPPONESI!"

L'ammiraglio Yi Sun-sin girò immediatamente le sue navi e iniziò a
inseguire la flotta giapponese.

Navigando rapidamente all'inseguimento, arrivarono infine a
Happo (l'attuale Jinhae).

Tuttavia, quando i soldati giapponesi videro la flotta Joseon
avvicinarsi, abbandonarono le loro navi e fuggirono a terra!

All'alba del giorno successivo, la marina di Joseon ricevette un'informazione più critica:

"CI SONO NAVI GIAPPONESI A GORIYANG, A JINHAE!".

L'ammiraglio Yi Sun-sin e il comandante Won Gyun divisero la flotta in due gruppi e salparono.

Quando arrivarono nelle acque al largo di Jeokjinpo, trovarono 13 navi giapponesi ancorate e a riposo! L'ammiraglio Yi Sun-sin gridò,

"Ora è la nostra occasione! Attaccate!".

La marina di Joseon si lanciò coraggiosamente all'attacco e distrusse tutte e 13 le navi senza lasciarne indietro nemmeno una.

Il 29 maggio 1592, l'ammiraglio Yi Sun-sin e la marina di Joseon affrontarono ancora una volta la flotta giapponese al largo della costa di Sacheon, nella provincia di South Gyeongsang.

La marina giapponese aveva portato 13 navi in totale - 12 grandi navi da guerra e 1 nave più piccola - per prendere il controllo del mare.

Ma questa volta la marina di Joseon aveva un'arma molto speciale!

Non era altro che la leggendaria Nave Tartaruga!

La Nave Tartaruga era ricoperta da un'armatura di ferro da prua a poppa, che la rendeva impenetrabile alle frecce e ai proiettili nemici.

L'ammiraglio Yi Sun-sin aveva studiato, migliorato e trasformato questa nave in un'arma ancora più potente!

Guidando la carica con la Nave Tartaruga, la marina di Joseon attaccò ferocemente e distrusse tutte le 13 navi giapponesi! Tuttavia, durante la battaglia, l'ammiraglio Yi fu colpito alla spalla sinistra da un proiettile.

Nonostante ciò, l'ammiraglio ignorò il dolore e combatté fino alla fine, conducendo la sua flotta a un'altra gloriosa vittoria!

Il 2 giugno 1592, un'altra feroce battaglia scoppiò al largo della costa di Dangpo a Tongyeong, nella provincia di South Gyeongsang.

Guidata dall'ammiraglio Yi Sun-sin, la marina di Joseon trionfò ancora una volta, sconfiggendo 21 navi da guerra giapponesi!

Tre giorni dopo, la marina di Joseon inseguì le forze giapponesi a Danghangpo, sempre a Goseong, nella provincia di South Gyeongsang.

La marina giapponese, sconfitta nella battaglia di Dangpo, era fuggita a Danghangpo per nascondersi.

L'ammiraglio Yi Sun-sin inviò dapprima tre navi a perlustrare attentamente la zona.

E il rapporto tornò:

"Il nemico è qui!"

L'ammiraglio Yi Sun-sin diede immediatamente l'ordine di attaccare!

La marina di Joseon si lanciò impavidamente all'attacco, distruggendo tutte le 26 navi giapponesi e sconfiggendo innumerevoli soldati nemici, compreso il loro comandante.

Grazie all'ammiraglio Yi Sun-sin e alla marina di Joseon, il mare rimase sicuro e molte forze giapponesi furono respinte.

Cinque giorni dopo, la marina di Joseon avvistò la flotta giapponese al largo della costa di Guyulpo, nell'isola di Geoje!

L'ammiraglio Yi Sun-sin guidava 23 navi,
l'ammiraglio Yi Eok-gi guidò 25 navi,
e l'ammiraglio Won Gyun guidò 3 navi,

per un totale di 51 navi da guerra Joseon che inseguivano la flotta giapponese!

La marina giapponese si stava dirigendo verso Busan con cinque grandi navi e due navi di medie dimensioni.

Ma mentre la marina Joseon li inseguiva rapidamente, i giapponesi cercarono di fuggire a terra!

Tuttavia, non riuscirono a superare la velocità della marina di Joseon!

Alla fine, tutte e sette le navi giapponesi furono distrutte e il loro comandante, insieme a molti soldati, cadde in battaglia.

"Urrà...! Urrà...!"

Il mare apparteneva ancora alla marina di Joseon!

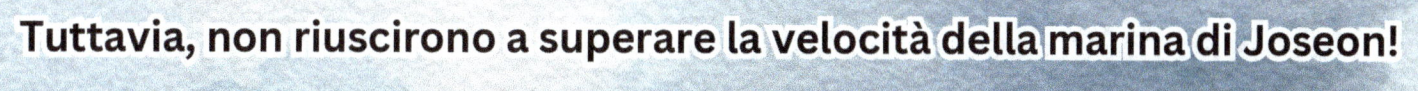

Nel luglio 1592, l'esercito giapponese tentò di avanzare verso l'isola di Gadeok, situata tra Busan e l'isola di Geoje.

Il comandante supremo giapponese, Toyotomi Hideyoshi, diede il comando ai suoi soldati:

"SCHIACCIATE LA MARINA DI JOSEON!".

In risposta, la marina giapponese radunò circa 70 navi e si riunì nello stretto di Geonnaeryang, tra Geoje e Tongyeong!

Ma... Geonnaeryang era un luogo incredibilmente stretto e pericoloso!

L'ammiraglio Yi Sun-sin, tuttavia, ne approfittò e preparò una brillante trappola!

L'ammiraglio Yi Sun-sin inviò alcune navi da guerra a Geonnaeryang per attirare la marina giapponese. Mentre l'esercito di Joseon si ritirava intenzionalmente, i giapponesi pensarono:

"HAHA! L'ESERCITO JOSEON STA FUGGENDO!"

e li inseguirono verso l'isola di Hansan!

In quel momento!
L'ammiraglio Yi Sun-sin suonò il tamburo e ordinò:

"COME UNA GRU CHE APRE LE ALI!"

La flotta di Joseon si allargò in una formazione circolare, usando la tattica "Hak Ik Jin"!

Le navi tartaruga guidarono la carica,
e le altre navi da battaglia le seguirono!
La marina di Joseon circondò completamente le forze giapponesi!

Di conseguenza, 59 navi giapponesi furono distrutte!
Il Giappone perse 9.000 soldati e i rimanenti si affrettarono a fuggire!

Tuttavia, la marina di Joseon non perse nemmeno una nave!

Questa vittoria costrinse i giapponesi ad abbandonare il loro piano di girare intorno alla costa meridionale e a dirigersi verso i mari occidentali!

Una grande vittoria ottenuta grazie alla saggezza e al coraggio dell'ammiraglio Yi Sun-sin!

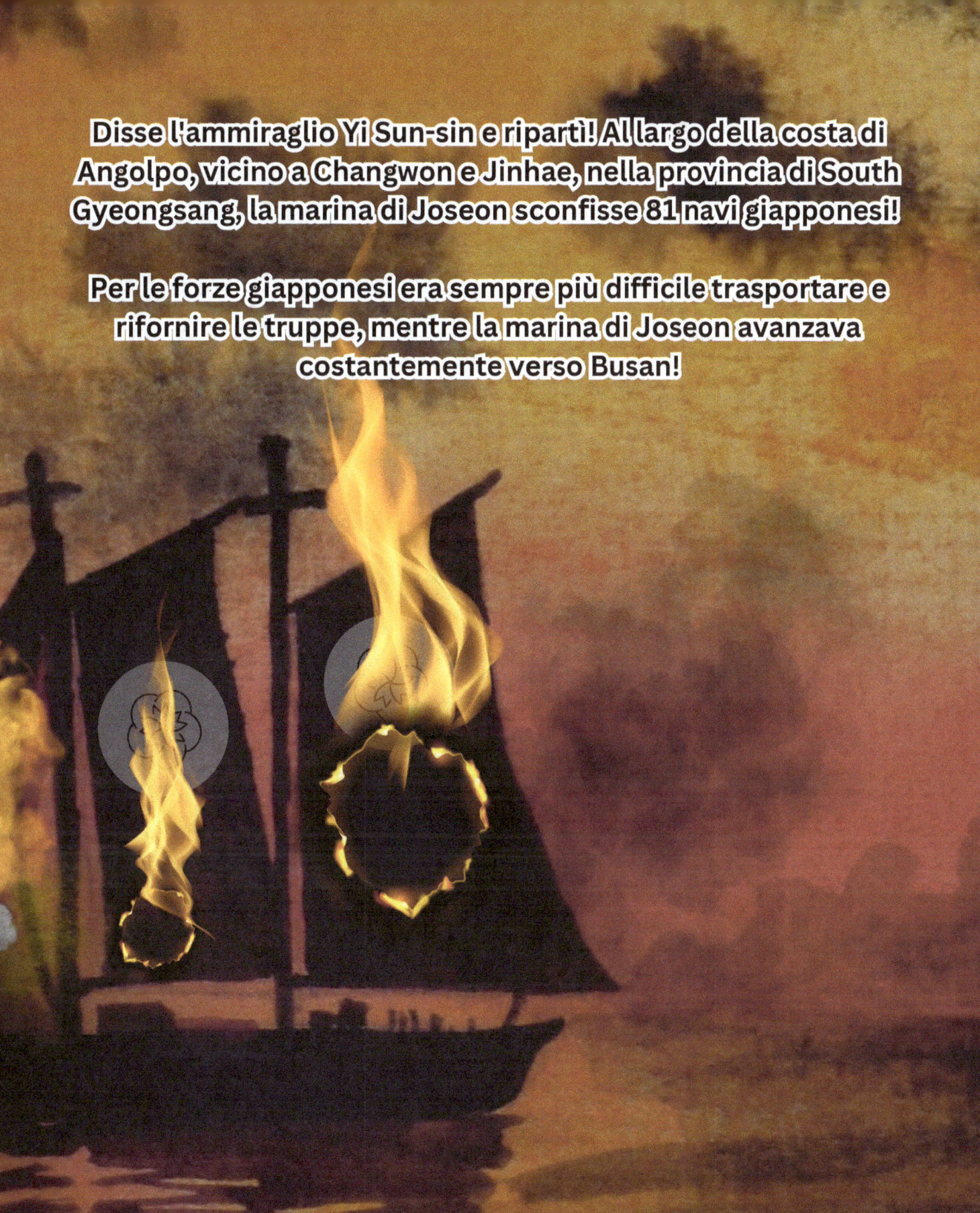

Disse l'ammiraglio Yi Sun-sin e ripartì! Al largo della costa di Angolpo, vicino a Changwon e Jinhae, nella provincia di South Gyeongsang, la marina di Joseon sconfisse 81 navi giapponesi!

Per le forze giapponesi era sempre più difficile trasportare e rifornire le truppe, mentre la marina di Joseon avanzava costantemente verso Busan!

Il 1° settembre 1592, questa volta la marina di Joseon si diresse verso Busanpo, la roccaforte delle forze giapponesi.

"Ci sono così tante truppe giapponesi a terra e un numero enorme di navi a riva!"

I giapponesi avevano ancorato non meno di 470 navi a Busan!
L'ammiraglio Yi Sun-sin rifletteva:

"Come posso combattere contro una forza così grande?"

"Sì, un attacco a sorpresa è quello che ci serve!"

La marina di Joseon,
guidata dal viceammiraglio Jeong Un, caricò per prima!

"Fuoco! Affondate le navi!"

Di fronte al feroce assalto della marina di Joseon, le forze giapponesi furono colte di sorpresa e si precipitarono in mare.

Ma poiché erano impreparate, oltre 100 delle loro navi furono rapidamente distrutte!

Tuttavia, durante questa battaglia, il coraggioso viceammiraglio Jeong Un fu ucciso... Ma l'ammiraglio Yi Sun-sin non poteva permettersi di soffermarsi sul suo dolore.

"Vendichiamo Jeong Un!"

Poco dopo, l'ammiraglio Yi Sun-sin guidò un altro attacco e continuò le sue vittorie, sconfiggendo la marina giapponese nella Battaglia di Uengpo e nella Seconda Battaglia di Danghangpo!

Grazie a queste vittorie, la marina di Joseon tagliò completamente le linee di rifornimento giapponesi!

Guidata dagli ammiragli Yi Sun-sin, Yi Eok-gi e Won Gyun, la marina di Joseon combatté le forze giapponesi dal 10 febbraio al 6 marzo 1593.

Sconfiggendo oltre 100 navi giapponesi, la marina di Joseon ottenne ancora una volta una grande vittoria!

Ora le forze giapponesi nei mari del sud cominciarono a sentire la pressione e la crisi.

Un anno dopo, le forze giapponesi si stavano dirigendo verso Danghangpo a Goseong, nella provincia di South Gyeongsang.

Una flotta di 31 navi si stava dirigendo verso Danghangpo. Ma l'ammiraglio Yi Sun-sin non poteva rimanere inattivo!

"Dispiegare la formazione Hak ik jin!"

La marina di Joseon circondò il nemico usando la tattica Hak ik jin, come una gru che apre le ali.

"Lanciate le frecce di fuoco!"

Con frecce infuocate e cannoni, le navi tartaruga caricarono in avanti! Tutte le 31 navi giapponesi furono affondate e la marina Joseon ottenne una vittoria perfetta!

Le forze giapponesi nei mari del sud stavano gradualmente scomparendo e la marina di Joseon trasferì il proprio quartier generale sull'isola di Hansan.

Dopo le vittorie nella Battaglia di Uengpo e nella Seconda Battaglia di Danghangpo, i mari intorno a Joseon erano di nuovo sicuri!

L'ammiraglio Yi Sun-sin fu ora nominato Comandante delle Forze Navali delle Tre Province, supervisionando le marine delle Province di Gyeongsang, Jeolla e Chungcheong!

Nel 1594, il Giappone stava negoziando la pace con Joseon e la dinastia Ming. Tuttavia, le forze giapponesi rimasero stanziate nei mari del sud, non mostrando alcuna intenzione di porre fine alla guerra.

Di conseguenza, l'esercito di Joseon decise di lanciare un attacco per scacciare completamente le forze giapponesi.

A Jangmunpo, la marina guidata da Yi Sun-sin e l'esercito guidato da Gwak Jae-u e Kim Deok-ryeong unirono le forze.

Ma le forze giapponesi si nascosero nella fortezza sull'isola di Geoje e si rifiutarono di muoversi.

La flotta Joseon cercò di attirare le forze giapponesi all'esterno, ma i giapponesi non vollero combattere.

Le forze giapponesi si concentrarono esclusivamente sulla difesa della loro fortezza a terra, evitando la battaglia in mare.

Alla fine, le forze di Joseon riuscirono a distruggere solo due piccole navi giapponesi senza una grande battaglia.

Ma è sorto un problema! Questa battaglia non era guidata dall'ammiraglio Yi Sun-sin ma da Yun Du-su, il comandante delle Tre Province, e anche altri valorosi generali si opposero alla battaglia, considerandola una mossa troppo rischiosa.

Tuttavia, Won Gyun accusò Yi Sun-sin di non aver deliberatamente combattuto e lo incolpò di non essersi impegnato attivamente!

Di conseguenza, iniziò a crearsi una situazione sfavorevole per Yi Sun-sin. Nonostante fosse ancora pronto a combattere per il Paese e il suo popolo, le trappole politiche lo stavano lentamente spingendo verso una crisi.

Joseon, Ming e Giappone erano ancora impegnati in trattative di pace per porre fine alla guerra.

Tuttavia, le richieste del Giappone erano così irragionevoli che nel settembre 1596 i negoziati si interruppero.

Di conseguenza, nel 1597 il Giappone invase nuovamente Joseon. Questa fu la "guerra di Jeongyu", la seconda guerra della guerra di Imjin!

Poco prima della ripresa della guerra, una grande crisi colpì l'ammiraglio Yi Sun-sin.

Sentendo voci che le forze giapponesi si stavano dirigendo verso i mari del sud, la corte di Joseon ordinò a Yi Sun-sin di catturare il comandante nemico.

Ma Yi Sun-sin rispose con cautela, dicendo:

"Potrebbe essere un trucco delle forze giapponesi..."

Ancora una volta, Won Gyun accusò Yi Sun-sin di aver disobbedito agli ordini reali, sostenendo che non aveva seguito il comando del re.

Di conseguenza, nel marzo 1597, Yi Sun-sin fu ingiustamente arrestato e imprigionato.

Fu sottoposto a un duro interrogatorio per 28 giorni e rischiò l'esecuzione.

Tuttavia, il vassallo civile Jeong Tak implorò:

"Yi Sun-sin è un eroe della nazione, deve essere risparmiato."

Grazie alla sua supplica, Yi Sun-sin evitò l'esecuzione, ma fu privato della sua posizione ufficiale e trascinato sul campo di battaglia come soldato.

Da quel momento in poi, divenne un soldato senza gradi.

Nonostante ciò, la corte di Joseon estromise Yi Sun-sin e nominò Won Gyun comandante delle forze navali delle Tre Province.

La domanda rimaneva:

Won Gyun può difendere Joseon in modo adeguato…?

Dopo che Yi Sun-sin fu incastrato e imprigionato, Won Gyun divenne il comandante supremo della Marina di Joseon.

Tuttavia, a differenza di Yi Sun-sin, che era uno stratega prudente, Won Gyun era un leader avventato e avido.

Alla fine, nel luglio del 1597, la marina giapponese lanciò un altro attacco su larga scala e Won Gyun lo affrontò senza una tattica adeguata.

Di conseguenza, la marina di Joseon fu quasi completamente distrutta, e importanti comandanti come Lee Eok-gi e Choi Ho andarono perduti. Non a caso, anche Won Gyun morì.

Inoltre, delle 130 navi della flotta, 120 furono affondate e quasi tutti i 13.000 soldati Joseon furono spazzati via, mentre solo una decina di navi riuscirono a fuggire.

Proprio così. La marina di Joseon, che Yi Sun-sin aveva costruito, fu distrutta in un istante!

Dopo questa enorme sconfitta, la corte di Joseon cadde nello shock e nella paura.

Non avevano più la forza di fermare il Giappone in mare e anche la situazione a terra era sfavorevole.

Alla fine, la corte di Joseon nominò nuovamente Yi Sun-sin comandante della Marina delle Tre Province.

Quando Yi Sun-sin tornò, erano rimaste solo 12 navi delle 130 originarie, e solo 120 soldati erano sopravvissuti su 13.000.

Possibile che la situazione fosse così disperata?

A quel punto, la corte decise di sciogliere la marina e di tenere solo l'esercito per combattere.

Ma l'ammiraglio Yi Sun-sin non si arrese.

Presentò un rapporto al re, dicendo:

Impressionata dalla forte volontà dell'ammiraglio Yi Sun-sin, la corte decise di mantenere la marina di Joseon.

Commossi dalla sua determinazione, i soldati cominciarono a radunarsi uno ad uno e a raccogliere armi a poco a poco.

Kim Eok-chu, ufficiale militare della provincia di Jeolla, si unì con una sola nave, portando il numero totale di navi a 13.

Tuttavia, si trattava di un numero assurdamente ridotto.

Tuttavia, si trattava di un numero assurdamente piccolo rispetto alle 133 navi del Giappone.

"Come possiamo superare questo svantaggio?"

L'ammiraglio Yi Sun-sin decise di combattere a Uldolmok (stretto di Myeongnyang).

Questo luogo aveva acque strette e agitate, a forma di collo di bottiglia, dove le grandi navi non potevano muoversi facilmente.

Le acque dell'Uldolmok scorrevano velocemente, producendo un forte rumore. Qui le grandi navi non potevano manovrare facilmente.

Yi Sun-sin pensò:

"Se combattiamo qui, possiamo vincere!"

Al mattino, la massiccia flotta giapponese, composta da 133 navi,
si spinse nello stretto di Myeongnyang.

"AH AH! ORA LA MARINA DI JOSEON E FINITA!"

Le forze giapponesi erano fiduciose,
pensando che il loro numero avrebbe garantito la vittoria.

In quel momento,
la nave che trasportava l'ammiraglio Yi Sun-sin si mosse
coraggiosamente verso il fronte!

Yi Sun-sin gridò,

"Chi cerca la morte vivrà, chi cerca la vita morirà!"

Incoraggiata, la marina di Joseon sparò grandi cannoni e frecce infuocate, lanciando un assalto alla flotta giapponese.

"Prendete queste frecce di fuoco!"

Le frecce piovvero come una tempesta sulle navi giapponesi.

"EH? LA NAVE NON SI MUOVE COME DOVREBBE!"

A causa della corrente veloce, le navi giapponesi si scontrarono tra loro e ondeggiarono.

In quel momento, le navi guidate da Kim Eung-ham, che rinforzavano le forze di Joseon, si unirono alla battaglia!

"Ammiraglio! Vi aiuteremo!"

Con rinnovata forza, le forze di Joseon combatterono ancora più duramente contro i giapponesi.

Una vittoria miracolosa! Quando la battaglia finì, tutte le 13 navi Joseon erano sopravvissute!

Tuttavia, 31 navi giapponesi affondarono e molte altre furono danneggiate in modo irreparabile o fuggirono in ritirata.

Fu una vittoria così miracolosa da sembrare quasi incredibile!

Di conseguenza, le sorti della guerra cambiarono e la marina di Joseon iniziò a recuperare il controllo dei mari.

Dopo aver subito una grande sconfitta a Myeongnyang nel 1597, le forze giapponesi si ritirarono sulla costa meridionale della Corea.

Nell'anno successivo, il 1598, quando Toyotomi Hideyoshi del Giappone morì, i giapponesi decisero di ritirarsi da Joseon.

Per tornare in sicurezza, i giapponesi corruppero segretamente il generale dei Ming, Jin Lin, chiedendogli di chiudere un occhio e di consentire il loro passaggio.

In un primo momento, Jin Lin pensò di accogliere la loro richiesta. Tuttavia, l'ammiraglio Yi Sun-sin si oppose fermamente, dicendo:

"Non possiamo permettere alle forze giapponesi che hanno tormentato Joseon di andarsene senza conseguenze!"

Impressionato dal coraggio dell'ammiraglio Yi Sun-sin, Jin Lin decise di unire le forze con lui per bloccare la ritirata giapponese.

"Questa è la strada che i giapponesi devono percorrere. Dobbiamo fermarli qui!"

Il generale Yi Sun-sin nascose le marine Joseon e Ming su entrambi i lati dello stretto, aspettando che il nemico si avvicinasse.

Nel buio dell'alba, le forze giapponesi lanciarono un attacco a sorpresa!
Tuttavia, l'ammiraglio Yi Sun-sin era già completamente preparato.

"Ora! Attaccate!"

Le frecce piovvero come una tempesta e le enormi navi da guerra furono avvolte dalle fiamme.

"AHH! RITIRATA!"

Le forze giapponesi, in preda al panico, cercarono di ripiegare, ma la strada era già stata sbarrata.

"Difendiamo i mari di Joseon!"

'ammiraglio Yi Sun-sin e i suoi soldati combatterono ferocemente, impegnando le forze giapponesi in avanzata in un'ultima, intensa battaglia.

In quel momento!

Un proiettile delle forze giapponesi colpì l'ammiraglio Yi Sun-sin, che si accasciò al suolo!

Nonostante il dolore, l'ammiraglio Yi Sun-sin, preoccupato per il suo Paese e per i suoi compagni, li esortò ad andare avanti.

"Non parlate della mia morte mentre la battaglia è ancora in corso..."

La sua voce,
piena di preoccupazione per la sua nazione,
riecheggiò sul mare.

Il nipote del generale, Yi Wan, gridò:

"Combattiamo fino alla fine per l'ammiraglio!"

e guidò i soldati in battaglia. Il generale Ming Jin Lin, commosso fino alle lacrime, sussurrò:

"Oh... l'ammiraglio Yi Sun-sin..."

La marina di Joseon e le forze Ming furono colme di dolore per la morte dell'ammiraglio Yi Sun-sin e l'intero mare sembrò risuonare del suono del lutto.

Ovunque passasse il corteo funebre di Yi Sun-sin, la gente piangeva e si aggrappava ai carri, incapace di farli avanzare.

All'epoca aveva 54 anni.

Con questa battaglia finale, le forze giapponesi si ritirarono completamente da Joseon.

E la guerra con il Giappone,
che durava da sette anni,
finalmente si concluse.

Dopo la morte dell'ammiraglio Yi Sun-sin,
il re gli conferì il titolo postumo di "Chungmu".

Questo titolo combinava il significato di "Chung",
che rappresenta la lealtà, in quanto significa proteggere il sovrano
anche di fronte al pericolo.

Nel frattempo, "Mu" si riferisce alla prodezza militare,
che simboleggia la sconfitta dei nemici invasori.

Questo serve a onorare e commemorare per sempre l'ammiraglio
Yi Sun-sin!

È stato un eroe che ha combattuto senza paura di perdere la vita,
dedicando tutto per proteggere il popolo e il Paese dall'invasione
giapponese.

충무
이순신

Oggi, a Seul, in Corea del Sud, c'è una strada chiamata "Chungmuro", dal titolo postumo dell'ammiraglio Yi Sun-sin.

Nel cuore di Seul, in piazza Gwanghwamun, si trova un'imponente statua dell'ammiraglio Yi Sun-sin, che tiene una spada in una mano e si erge con un'espressione feroce, a simboleggiare il suo coraggio.

Sia i coreani che gli stranieri che guardano questa statua ricordano il sacrificio, la lealtà e l'amore sconfinato dell'ammiraglio Yi Sun-sin.

L'ammiraglio Yi Sun-sin aveva per il suo Paese e il suo popolo.

È un'eredità che continua a rimanere impressa nei loro cuori.

Storia della Corea Semplificata - Per Grandi e Piccini!
Con Illustrazioni per Imparare al Meglio

Disponibile su Amazon